BEI GRIN MACHT SICH IHR WISSEN BEZAHLT

- Wir veröffentlichen Ihre Hausarbeit, Bachelor- und Masterarbeit

- Ihr eigenes eBook und Buch - weltweit in allen wichtigen Shops

- Verdienen Sie an jedem Verkauf

Jetzt bei www.GRIN.com hochladen und kostenlos publizieren

Bibliografische Information der Deutschen Nationalbibliothek:

Die Deutsche Bibliothek verzeichnet diese Publikation in der Deutschen Nationalbibliografie; detaillierte bibliografische Daten sind im Internet über http://dnb.d-nb.de/ abrufbar.

Dieses Werk sowie alle darin enthaltenen einzelnen Beiträge und Abbildungen sind urheberrechtlich geschützt. Jede Verwertung, die nicht ausdrücklich vom Urheberrechtsschutz zugelassen ist, bedarf der vorherigen Zustimmung des Verlages. Das gilt insbesondere für Vervielfältigungen, Bearbeitungen, Übersetzungen, Mikroverfilmungen, Auswertungen durch Datenbanken und für die Einspeicherung und Verarbeitung in elektronische Systeme. Alle Rechte, auch die des auszugsweisen Nachdrucks, der fotomechanischen Wiedergabe (einschließlich Mikrokopie) sowie der Auswertung durch Datenbanken oder ähnliche Einrichtungen, vorbehalten.

Impressum:

Copyright © 2017 GRIN Verlag
Druck und Bindung: Books on Demand GmbH, Norderstedt Germany
ISBN: 9783668617469

Dieses Buch bei GRIN:

https://www.grin.com/document/387741

Dennis Neutsch

Sind Jungen die (neuen) Verlierer im Bildungssystem?
Bildung und soziale Ungleichheit

GRIN Verlag

GRIN - Your knowledge has value

Der GRIN Verlag publiziert seit 1998 wissenschaftliche Arbeiten von Studenten, Hochschullehrern und anderen Akademikern als eBook und gedrucktes Buch. Die Verlagswebsite www.grin.com ist die ideale Plattform zur Veröffentlichung von Hausarbeiten, Abschlussarbeiten, wissenschaftlichen Aufsätzen, Dissertationen und Fachbüchern.

Besuchen Sie uns im Internet:

http://www.grin.com/

http://www.facebook.com/grincom

http://www.twitter.com/grin_com

Dennis Neutsch

Sind Jungen die (neuen) Verlierer im Bildungssystem?

Einleitung

Im Rahmen meines Prüfungsessays soll der Frage nachgegangen werden, welche Erklärungsansätze für (geschlechtsspezifische) Leistungsunterschiede auftreten, welchen Argumentationslinien sie folgen und was typische Merkmale für Bildungsverlierer sind. Mit Hilfe dieser analytischen Betrachtung soll schließlich der zentralen Frage, ob Jungen die (neuen) Verlierer im Bildungssystem sind, nachgegangen werden.

Zunächst wird der Begriff der Bildungsverlierer näher definiert, bevor ein theoretischer Rahmen zur Analyse möglicher Erklärungsansätze, zur Debatte um (geschlechtsspezifische) Bildungsungleichheit, skizziert wird. Anhand theoretischer Überlegungen werden Hypothesen abgeleitet und kritisch betrachtet. Meine Betrachtung in dieser Ausarbeitung begrenzt sich auf moderne westliche Gesellschaften.

Nur selten wird von einer Benachteiligung von Jungen oder Männern gesprochen. Sieht man sich im eigenen Umfeld um, so beziehen die Männer meist höhere Löhne als Frauen und befinden sich häufiger in Führungspositionen. Betrachtet man das heutige Bildungssystem, kann längst nicht mehr von einer männlichen Dominanz gesprochen werden. Anhand ausgewählter Texte von Gudrun Quenzel und Klaus Hurrelmann (Bildungsverlierer – Neue Ungleichheiten), Lotte Rose und Ulrike Schmauch (Jungen – die neuen Verlierer?), Klaus Hurrelmann und Tanjev Schultz (Jungen als Bildungsverlierer) sowie Ina Esselmann und Dr. Wido Geis (Bildungsverlierer – Kurzstudie auf Basis des Sozio-oekonomischen Panels und PISA-Daten) möchte ich Erklärungsansätze für (geschlechtsspezifische) Leistungsunterschiede aufzeigen und miteinander vergleichen, um anschließend die aktuellen Bildungsverlierer selbst zu definieren.

Bildungsverlierer – eine Definition

In Anlehnung an die Arbeiten von Solga (2002) und Solga und Wagner (2001) definieren die Autoren Hadjar, Lupatsch und Grünewald-Huber den Begriff Bildungsverlierer als einen zu niedrig Qualifizierten. Hierbei beziehen sie sich auf Personen, die entweder gar keinen oder nur einen niedrigen Bildungsabschluss wie dem Hauptschulabschluss vorweisen. Darüber hinaus haben diese Personen auf dem Arbeitsmarkt nur geringe Chancen und ein hohes Risiko arbeitslos oder sogar ausbildungslos zu sein.[1] Demnach ist Bildung mehr als nur Schule und auch nach der Schulzeit zu betrachten. Diese Definition unterstützt auch Ulrike Schmauch in ihrer Betrachtung vom Übergang und Umbruch im Erwerbsbereich. Sie untermauert die Bedeutung des Erwerbsbereichs, in dem sie, noch vor den Jungen, einen klaren Bildungsverlierer ausmacht – „gering qualifizierte Frauen, vielfach mit Kindern, die in Teilzeitarbeitsplätzen den klassischen Zuverdienst erarbeiten."[2].[3] In einer Kurzstudie von Ina Esselmann und Dr. Wido Geis werden Bildungsverlierer beispielsweise als Personen definiert, „die keine ausreichende Grundbildung aufweisen, aber auch als Personen, die einer bildungsfernen Schicht angehören. Eine eindeutige Abgrenzung ist jedoch wichtig, um klare und aussagekräftige Ergebnisse zu erhalten."[4] Dementsprechend ist die Abgrenzung und zeitliche Betrachtung von Bedeutung. Im weiteren Verlauf werde ich auf Abgrenzungen hinsichtlich Milieu, Geschlecht sowie Migrationshintergrund eingehen und die zeitliche Betrachtung über den Bildungserwerb hinaus betrachten.

Risikogruppen und Bildungsungleichheiten

Wie die unterschiedliche und abgrenzende Definition von Bildungsverlierern bereits aufzeigt, gibt es auch verschiedene Risikogruppen, welche auf ihre Herkunft, ihr Geschlecht oder ihre Migration zurückzuführen sind.

Herkunft

Bildungsungleichheiten nach sozialer Herkunft sind trotz Bildungsexpansion seit den 70er Jahren nicht in den Griff zu bekommen. Die Herkunft ist ein Faktor für die Verhaltensweise, Motivation und Disziplin. Der soziale Status sowie das Bildungsniveau der Eltern sind eng mit dem Bildungserfolg und -erwerb der Kinder verbunden. Zu erklären ist das zum einen durch die mangelnde Bildungsunterstützung im Elternhaus, da einerseits das Bildungsniveau nicht

---

[1] Vgl. Hadjar, Andreas/Lupatsch, Judith/Grünewald-Huber, Elisabeth: Bildungsverlierer/-innen, Schulentfremdung und Schulerfolg. In: Quenzel, Gudrun/Hurrelmann, Klaus: Bildungsverlierer (2010): S. 224
[2] Schmauch, Ulrike: Was geschieht mit kleinen Jungen? – Ein persönlicher Blick auf die Entwicklung des Jungenthemas von den 70er Jahren bis heute. In: Rose, Lotte/Schmauch, Ulrike: Jungen – die neuen Verlierer? (2005): S. 36
[3] Vgl. Schmauch, Ulrike: Was geschieht mit kleinen Jungen? – Ein persönlicher Blick auf die Entwicklung des Jungenthemas von den 70er Jahren bis heute. In: Rose, Lotte/Schmauch, Ulrike: Jungen – die neuen Verlierer? (2005): S. 33-36
[4] Esselmann, Ina/Dr. Geis, Wido: Bildungsverlierer – Kurzstudie auf Basis des Sozio-oekonomischen Panels und PISA-Daten (2014): S. 4

ausreichend ist und andererseits finanzielle Ressourcen fehlen, und zum anderen allgemein fehlende Fähigkeiten das eigene Kind zu fördern, da die Möglichkeiten nicht bekannt sind.[5] Dies sind Faktoren, die auch in der PISA-Studie berücksichtigt werden, z.B. der Bildungsstand der Eltern, Verfügbarkeit von Lehrmaterialien und Hilfsmittel wie Computer und Zugang zu frühkindlicher Bildung (u.a. Kindergarten). Der Bildungsstand der Eltern bestimmt die Kompetenz der eigenen Kinder, da sie das Lernumfeld positiv oder aber negativ beeinflussen können. Hilfsmittel wie Computer dienen der Recherche und können für die Bildung förderlich sein, wie die Auswertung, u.a. in der PISA-Studie, darlegt.

Die Herkunft spiegelt zudem die Motivation im Bildungserwerb wider, welche sich auf den Bildungserfolg auswirkt. Esselmann und Dr. Geis (2014) erläutern diesen Standpunkt durch den berufsqualifizierten Abschluss der Eltern. Liegt kein berufsqualifizierter Abschluss bei den Eltern vor, so bleiben die Kinder auffallend oft ebenfalls ohne einen berufsqualifizierenden Abschluss. Das Streben nach einem äquivalenten (oder höheren) Abschluss richtet sich nach den Qualifikationen der Eltern. Je höher das Bildungsniveau und der Bildungserfolg der Eltern, desto höher ist die Motivation der Kinder einen mindestens gleichwertigen Abschluss zu erzielen. Unberührt bleibt dabei die Intention der Eltern, ihre Kinder bei der schulischen Leistung zu unterstützen, unabhängig von ihrer Schulform. Anders sieht die Förderung beim Lernen und den Hausaufgaben aus, da vor allem Eltern mit geringem Bildungsniveau nicht den Ansprüchen gewachsen sind.[6]

Eine Bestätigung, Jungen als Bildungsverlierer zu bezeichnen, lässt sich aus der sozialen Herkunft nicht ableiten. Betrachtet man Bildungsverlierer lediglich hinsichtlich der Herkunft, sind sie gering qualifizierte Männer und Frauen mit fehlender Motivation.

Geschlecht

In der Geschlechterdebatte weisen die Autoren der Bildungsverlierer (Hadjar et al., 2014) auf unterschiedliche Verhaltensweisen von Jungen und Mädchen hin. Sie betiteln das Verhalten der Jungen als non-konform bzw. nicht-angepasst und ihre sozialen Kompetenzen hindern oder beschränken sie im Bereich des Bildungserwerbes. Die Verhaltensweise der Jungen spiegelt sich sogar in der Stärke der Sanktionierungen der Lehrer wider. Jungen sind schlichtweg fauler

---

[5] Vgl. Hadjar, Andreas/Lupatsch, Judith/Grünewald-Huber, Elisabeth: Bildungsverlierer/-innen, Schulentfremdung und Schulerfolg. In: Quenzel, Gudrun/Hurrelmann, Klaus: Bildungsverlierer (2010): S. 224 f
[6] Vgl. Esselmann, Ina/Dr. Geis, Wido: Bildungsverlierer – Kurzstudie auf Basis des Sozio-oekonomischen Panels und PISA-Daten (2014): S. 15-18

und Mädchen fleißiger. Während sich Mädchen auf Pflichtfelder (wie z.b. Hausaufgaben) konzentrieren, interessieren sich Jungs mehr für die eigene Freizeitgestaltung. Eine große Rolle spielt dabei die Mediennutzung (wie z.b. Fernsehen, Computerspiele, Internet, etc.). Motivationen werden unterschiedlich zielgerichtet.[7]

Lotte Rose (2005) zieht der Geschlechterdebatte eine andere und umfassendere Sichtweise vor. Aus dem feministischen Diskurs zu den Geschlechterungleichheiten wurde zu lange ein einseitiges Problem gemacht, indem die Rollenverteilung der männlichen Dominanz und den gar servilen Frauen zu einem festen Standpunkt der Gesellschaft wurde. Aufgrund dieser Gedankengrundlage wird die These über männliche Bildungsverlierer in der voreingenommen männlichen Domäne übermäßig besorgt betrachtet.[8] Die Autorin geht noch einen Schritt weiter und kritisiert den Erklärungsansatz der Verhaltensweisen von Jungen (von z.b. Hadjar et al., 2010). Die Kompetenzen und Leistungen der Mädchen, die eindeutig nicht von den Jungen abhängig sind, werden nicht gewürdigt oder gar erwähnt, obwohl dies ein Fortschritt in der Bildung ist. Die Leistungen werden lediglich durch Konformität, Angepasstheit und Bravheit legitimiert. Rose verkennt nicht, dass die Leistungen der Jungen schlechter ausfallen, als die der Mädchen. Sie bewertet die einseitige Problematik, Jungen als einzige Benachteiligte zu sehen, für falsch. Bildung und Förderung muss im Konsens und Einklang beider Geschlechter geschehen, wenn es das Ziel sein soll, beide Geschlechter zu fördern und keine Wechselwirkungen von Benachteiligung und Bevorzugung hervorzurufen.[9]

Im Erwerbsbereich erleuchtet Lotte Rose (2005) die Angleichung zwischen Frauen und Männern und deutet auf eine negative Tendenz hin, wodurch sich nicht die Frauen den Männern anpassen, sondern sich die Männer tendenziell negativ entwickeln und sich den Frauen anpassen. Der Arbeitsmarkt hat sich dahingehend entwickelt, dass nicht nur Frauen, sondern auch Männer ihre Bemühungen intensivieren müssen, um sich zu behaupten. Der Wandel zu befristeten Arbeitsverhältnissen mit niedrigem Lohn und schlechteren Aufstiegschancen betrifft Männer und Frauen zugleich. Dieser Trend deutet darauf hin, dass beide Geschlechter zur Gattung der Bildungsverlierer zugeordnet werden. Für Männer ist es lediglich eine neue Situation, mit der die Frauen hingegen bereits seit langer Zeit zu leben haben und im Vergleich

---

[7] Vgl. Hadjar, Andreas/Lupatsch, Judith/Grünewald-Huber, Elisabeth: Bildungsverlierer/-innen, Schulentfremdung und Schulerfolg. In: Quenzel, Gudrun/Hurrelmann, Klaus: Bildungsverlierer (2010): S. 225 f
[8] Vgl. Rose, Lotte: Starke Mädchen – arme Jungen: Reden und was sie auslösen. In: Rose, Lotte/Schmauch, Ulrike: Jungen – die neuen Verlierer? (2005): S. 13
[9] Vgl. Schmauch, Ulrike: Was geschieht mit kleinen Jungen? – Ein persönlicher Blick auf die Entwicklung des Jungenthemas von den 70er Jahren bis heute. In: Rose, Lotte/Schmauch, Ulrike: Jungen – die neuen Verlierer? (2005): S. 32-34

zu den Männern gefestigter mit der Situation umgehen können. In der gesellschaftlichen Arbeitsdomäne werden nach Rose (2005) die Frauen als Gewinnerinnen und Verliererinnen hervorgehen. Auf der einen Seite werden Frauen, die mit Männern gleichqualifiziert sind, vermehrt zu den Aufsteigerinnen gehören. Auf der anderen Seite werden Frauen zu den Verliererinnen zählen, wenn für den Arbeitsmarkt zu gering qualifiziert sind, vielfach Kinder haben und sich mit Teilzeitarbeitsplätzen finanzieren müssen.[10] Auffällig ist auch der Anteil (12,8%) von Frauen, ohne berufsqualifizierenden Abschluss, die alleinerziehend sind.[11] Ein empirischer Gegenwert zu alleinerziehenden Männern ist nicht verfügbar. Aufgrund der ähnlichen Lebenssituation dürfte der Wert nicht groß abweichen. Erweiternd kommen hierzu die Frauen, die arbeitslos sind und gar keinen Abschluss vorzuweisen haben.

Während Hadjar et al. (2014) sich lediglich auf die Verhaltensweisen und Motivationen der Jungen und Mädchen konzentrierten, hat Rose (2005) mehrere Blickwinkel beleuchtet. Betrachtet man alle Sichtweisen der Geschlechterdebatte, so lassen sich mehrere Bildungsverlierer ausfindig machen. Jungen zählen eindeutig zu den Verlierern, dennoch gibt es Frauengruppen, die vor allem in Hinsicht auf den Arbeitsmarkt benachteiligter sind. Eine punktuelle Fokussierung ein Geschlecht als einen Bildungsverlierer auszumachen, ist argumentativ nicht machbar, da unterschiedliche Betrachtungen auch unterschiedliche Bildungsverlierer markiert.

(Geschlechtsspezifische) Bildungsverlierer sind gering qualifizierte Männer und Frauen mit fehlender Motivation, vielfach mit Kindern (welche in die gleiche Risikogruppe eingeordnet werden) und alleinerziehend, die durch Teilzeitarbeitsplätze ihren Unterhalt finanzieren oder arbeitslos sind.

Migration

Auch migrationsbedingte Bildungsungleichheiten werden von Hadjar et al. (2014) begutachtet. Auffällig ist der Leistungsunterschied zwischen Einheimischen und Migranten sowie Migrantinnen. Nicht selten sind Bildungsbenachteiligungen zu verzeichnen, sodass Migrantenkinder oftmals nur eine Empfehlung für die Hauptschule erhalten und erst eine späte

---

[10] Vgl. Schmauch, Ulrike: Was geschieht mit kleinen Jungen? – Ein persönlicher Blick auf die Entwicklung des Jungenthemas von den 70er Jahren bis heute. In: Rose, Lotte/Schmauch, Ulrike: Jungen – die neuen Verlierer? (2005): S. 35
[11] Vgl. Esselmann, Ina/Dr. Geis, Wido: Bildungsverlierer – Kurzstudie auf Basis des Sozio-oekonomischen Panels und PISA-Daten (2014): S. 8

Einschulung erfahren. Aufgrund von sprachlichen Barrieren lassen sich nur geringe Lesekompetenzen aufweisen. Diese Schwäche verweist einerseits auf die soziale Herkunft und die daraus resultierende fehlende Unterstützung aus dem elterlichen Haus, da oftmals nur die Muttersprache gebraucht wird. Andererseits ist die Fachsprache der Kinder noch nicht vorhanden, sodass ein vorhandenes Wissen nicht geäußert oder praktiziert werden kann.[12] Die Kompetenzen sind begrenzter, wenn im eigenen Zuhause und dem Umfeld nicht die Unterrichts- (Schule) oder Testsprache (PISA) gesprochen wird. Die Argumentation der Benachteiligung von Migrantenkindern ist eng mit den Ressourcen der sozialen Herkunft verknüpft.

Auch die Kurzstudie von Esselmann und Geis (2014) weist auf eine Verbindung zur sozialen Herkunft hin. Migrantenkinder sind risikobehaftet am Ende der Schullaufbahn ohne einen adäquaten Abschluss zu bleiben und haben somit Schwierigkeiten sich für einen Beruf zu qualifizieren. Rückblickend auf das Jahr 2011 hatten 27,4 Prozent der 20 bis 29 jährigen Personen, die zugewandert sind, keinen Abschluss gemacht, der sie für einen Beruf oder eine Ausbildung qualifizierte. Ähnlich hoch lag der Anteil bei in Deutschland geborenen Personen mit Migrationshintergrund zwischen 20 und 29 Jahren, was auf eine Benachteiligung innerhalb des deutschen Bildungssystems hinweist und nicht auf Zuwanderungsblockaden abzuschieben ist. Im Vergleich zu Personen ohne Migrationshintergrund liegt der Wert etwa doppelt so hoch.[13]

Bildungsungleichheiten in Bezug auf Herkunft und Migration sind größtenteils konvergierende Effekte. Die Sprachbarrieren der Personen mit Migrationshintergrund sind ein entscheidender Faktor der migrationsbedingten Ungleichheit. Beziehen wir die Risikogruppe der Personen mit Migrationshintergrund in unsere Definition der Bildungsverlierer mit ein, können wir wie folgt formulieren:

Bildungsverlierer sind gering qualifizierte Männer und Frauen mit Migrationshintergrund und fehlender Motivation, vielfach mit Kindern (welche in die gleiche Risikogruppe eingeordnet werden) und alleinerziehend, die durch Teilzeitarbeitsplätze ihren Unterhalt finanzieren oder arbeitslos sind.

---

[12] Vgl. Hadjar, Andreas/Lupatsch, Judith/Grünewald-Huber, Elisabeth: Bildungsverlierer/-innen, Schulentfremdung und Schulerfolg. In: Quenzel, Gudrun/Hurrelmann, Klaus: Bildungsverlierer (2010): S. 226
[13] Vgl. Esselmann, Ina/Dr. Geis, Wido: Bildungsverlierer – Kurzstudie auf Basis des Sozio-oekonomischen Panels und PISA-Daten (2014): S. 8

Schulentfremdung und Schulabbruch

Größte Risikogruppe der Bildungsverlierer, die alle vorherigen Risikogruppen einschließt, sind die Personen, die ihre schulische Bildung vorzeitig abbrechen. Dazu zählen Personen, die ihre Schullaufbahn beenden, ohne mindestens einen Hauptschulabschluss erreicht zu haben und somit keine Qualifikation für den späteren Berufseinstieg vorweisen können. Darüber hinaus bilden sie die Risikogruppe ohne Bildungsniveau, die die nächste Generation negativ beeinflusst. Notwendige Mindestkompetenzen sind nicht vorhanden. In diesem Fall sind Nachqualifizierungsmaßnahmen eine mögliche Abhilfe, um noch im späteren Lebensverlauf am Arbeitsmarkt Fuß zu fassen. Alternative Wege für einen Arbeitsplatz sind nicht ausgeschlossen, so gehen auch Personen ohne schulischen oder beruflichen Abschluss einer Erwerbstätigkeit nach.[14]

Grund für einen Schulabbruch ist die Schulentfremdung der Risikogruppen. Besonders herkunfts- und geschlechtsspezifische Merkmale weisen eine Abhängigkeit in der Schulentfremdung auf. Im Fokus stehen Personen aus Haushalten mit niedrigem Bildungsniveau und Bildungsungleichheiten nach sozialer Herkunft. Empirische Auswertungen lassen dabei vor allem die Jungen schlechter abschneiden, was Hadjar et al. (2014) mit der fehlenden Motivation, Interessenlosigkeit gegenüber schulischen Anforderungen und dem Vorzug von Freizeitaktivitäten gegenüber Schulerfordernissen erklärt. Die Rolle von Migrierten bleibt hinsichtlich der Schulentfremdung unbeantwortet. In Bezug auf die soziale Herkunft lässt sich diese ableiten, aber nicht pauschalisieren.

Schulentfremdung muss nicht zwingend zum Schulabbruch führen, aber beeinflusst das Verhalten der Schülerinnen und Schüler und wirkt sich auf Mitarbeit, Disziplin und letztendlich auf die Leistungen und Noten aus.[15]

Folglich lassen sich Bildungsverlierer als nicht bis gering qualifizierte Männer und Frauen mit Migrationshintergrund und fehlender Motivation, vielfach mit Kindern (welche in die gleiche Risikogruppe eingeordnet werden) und alleinerziehend, die durch Teilzeitarbeitsplätze ihren Unterhalt finanzieren oder arbeitslos sind, beschreiben.

---

[14] Vgl. Esselmann, Ina/Dr. Geis, Wido: Bildungsverlierer – Kurzstudie auf Basis des Sozio-oekonomischen Panels und PISA-Daten (2014): S. 11

[15] Vgl. Hadjar, Andreas/Lupatsch, Judith/Grünewald-Huber, Elisabeth: Bildungsverlierer/-innen, Schulentfremdung und Schulerfolg. In: Quenzel, Gudrun/Hurrelmann, Klaus: Bildungsverlierer (2010): S. 228 f

Schlussbetrachtung

Hinsichtlich der aufgezeigten Risikogruppen aus verschiedenen Sichtweisen lässt sich der Bildungsverlierer von heute als nicht bis gering qualifizierte Männer und Frauen mit Migrationshintergrund und fehlender Motivation, vielfach mit Kindern (welche in die gleiche Risikogruppe eingeordnet werden) und alleinerziehend, die durch Teilzeitarbeitsplätze ihren Unterhalt finanzieren oder arbeitslos sind, beschreiben. Jungen gehören mittlerweile zu den Bildungsverlierern dazu, neu ist diese Erkenntnis allerdings schon seit der Jungenwende, Ende der 90er Jahre, nicht mehr. Jungen sind allerdings nur ein Bestandteil der Bildungsverlierer. Erst der politische und öffentliche Diskurs und die vielfach übertriebene Darstellung durch die Medien lässt das Thema in den Vordergrund der Bildungsverlierer rücken. Einige Autoren ließen sich von der Welle treiben, blieben mit dem Vorstoß und ihren Argumentationen sehr einseitig. Dieser Diskurs um die Jungen als *die Bildungsverlierer* ist defizitorientiert, da er mehr Probleme entwickelt, als dass er dem sinkenden Bildungsniveau im Allgemeinen entgegenwirkt. Wichtig erscheinen dabei eine intersektionale Sichtweise und das Einbeziehen von allen Risikogruppen, um das Bildungswesen jungen- sowie mädchengerecht zu fördern. Sofern möglich, muss eine Förderung aller Betroffenen Personen (Bildungsverlierer) zur Qualifizierung im Bildungserwerb und -erfolg sowie dem Arbeitsmarkt erfolgen. Nicht zu klären war, in welchem Segment begonnen werden muss, um die Kette von Bildungsungleichheiten zu reduzieren, auszugleichen oder umzumünzen. Abschließend bleibt den Wert von Gleichstellung hinsichtlich Geschlecht und Herkunft zu schätzen und allen die gleichen Rechte, Chancen und Möglichkeiten sowie nötigen Ressourcen zu ermöglichen und die Entfaltung jedes Einzelnen nicht einzuschränken. Dafür sollte nicht von einem Extrem ins Nächste gegangen werden, sondern mit demokratischem Gedankengut aus der Mitte heraus agiert werden.

Literaturverzeichnis

Esselmann, Ina/Dr. Geis, Wido: Bildungsverlierer – Kurzstudie auf Basis des Soziooekonomischen Panels und PISA-Daten (2014): S. 4-18

Hadjar, Andreas/Lupatsch, Judith/Grünewald-Huber, Elisabeth: Bildungsverlierer/-innen, Schulentfremdung und Schulerfolg. In: Quenzel, Gudrun/Hurrelmann, Klaus: Bildungsverlierer (2010): S. 224-228

Rose, Lotte: Starke Mädchen – arme Jungen: Reden und was sie auslösen. In: Rose, Lotte/Schmauch, Ulrike: Jungen – die neuen Verlierer? (2005): S. 13

Schmauch, Ulrike: Was geschieht mit kleinen Jungen? – Ein persönlicher Blick auf die Entwicklung des Jungenthemas von den 70er Jahren bis heute. In: Rose, Lotte/Schmauch, Ulrike: Jungen – die neuen Verlierer? (2005): S. 32-36

BEI GRIN MACHT SICH IHR WISSEN BEZAHLT

- Wir veröffentlichen Ihre Hausarbeit, Bachelor- und Masterarbeit

- Ihr eigenes eBook und Buch - weltweit in allen wichtigen Shops

- Verdienen Sie an jedem Verkauf

Jetzt bei www.GRIN.com hochladen und kostenlos publizieren